C. G. T.

La C. G. T.

et

l'Impôt sur les Salaires

FONCTIONNEMENT DE LA LOI

MÉTHODES DES CALCULS DE L'IMPOT

PRIX : O FR. 75

VERSAILLES

IMPRIMERIE COOPÉRATIVE "LA GUTENBERG"

18, Avenue de Paris, 18

—

Décembre 1921

La C. G. T.

et

l'Impôt sur les Salaires

FONCTIONNEMENT DE LA LOI
MÉTHODES DES CALCULS DE L'IMPOT

PRIX : O FR. 75

VERSAILLES
IMPRIMERIE COOPÉRATIVE "LA GUTENBERG"
18, Avenue de Paris, 18

Décembre 1921.

PRÉAMBULE

Il nous revient de diverses et nombreuses sources, qu'un certain nombre de travailleurs sont victimes de menaces, tracasseries, et parfois l'objet de poursuites parce qu'ils n'ont pas voulu se plier à l'application de l'impôt sur les salaires.

Des officiels pourront tenter de justifier les sanctions prises à l'égard de ceux qui violèrent la légalité. Pour nous il nous suffit de savoir que cet impôt est impopulaire; qu'il l'est parce qu'en vue de son application, le gouvernement n'a pas hésité à en interpréter faussement la nature, à violer outrageusement la pensée, les intentions, la volonté clairement affirmées du législateur. Cela justifie amplement la répugnance et les résistances de nos camarades.

Nous dirons à quels moyens on n'a pas hésité à recourir pour vaincre la protestation et les résistances populaires qui se traduisaient et se traduisent encore par le refus de payer, et ce que nous pensons de certaines mesures prises par l'administration des finances.

Nous rappelons avant tout les protestations émises par la Commission Administrative de la C. G. T. à diverses reprises et l'action menée par les syndicats ouvriers, qui aboutirent à une première revision des taux primitifs de salaire imposable.

La C. G. T. demande une fois de plus aux organisations syndicales de mener une campagne active pour dresser l'opinion publique et forcer le gouvernement à modifier une situation pénible qui n'a que trop duré.

Nous appelons toutefois leur attention sur un danger redoutable. Il ne faut pas prêter le flanc aux manœuvres réactionnaires tendant à s'appuyer sur nos protestations pour faire échec à une réforme fiscale qui, pour n'être pas une panacée, ne tend pas moins à établir une notion de justice dans l'établissement du système général des impôts.

Nous avons déjà dit, à ce sujet, et nous développons dans cette brochure notre point de vue. C'est pour tenir en éveil la vigilance des militants et des organisations et pour donner un but précis à notre propagande sur ce terrain que nous avons élaboré et publions les présentes indications.

Nous sommes certains que, chacun s'en inspirant, un vif courant d'opinion publique obligera bientôt les pouvoirs publics à reprendre l'examen d'une loi dont certaines dispositions essentielles, d'ailleurs, ne correspondent plus à certaines autres dispositions législatives importantes, et dont l'esprit a été méconnu ou faussé dans l'interprétation et l'application.

LA SITUATION ACTUELLE

Il est évident que l'impôt sur les salaires n'a pu être appliqué. Quand les premières feuilles virent le jour, au début de 1919, les syndicats étaient puissants ; la C. G. T. non seulement avait de nombreux effectifs, mais une autorité considérable. Le sérieux de son programme général de reconstitution sociale, qui s'inspirait de notre idéal, du souci de satisfaire à de légitimes besoins de justice et des possibilités de réalisations pratiques, avait conquis une grande partie de l'opinion publique. Il devait être tenu compte, alors, de ses avis et protestations.

L'impôt sur les salaires fut mal accueilli par le mouvement ouvrier. Un grand nombre de nos camarades n'hésitèrent pas à remettre leurs feuilles d'impôts à leurs secrétaires de syndicats qui, soit directement, soit par le canal de leur Union Départementale ou de leur Fédération, les renvoyèrent au Ministre des Finances. C'est par centaines de mille que se chiffre le nombre de ceux qui employèrent ce moyen de protestation.

Au même moment, la C. G. T., par l'organe de la Commission administrative, puis du Comité Conféréral National, donnait un sens précis à la protestation ouvrière. Le résultat fut que l'année suivante, en juin 1920, le Parlement apportait de sérieuses modifications à la loi, relevant les bases de salaire imposable et augmentant le taux de l'impôt. Résultat appréciable puisqu'il aboutissait à augmenter à la fois le nombre des petits salaires exonérés et les charges atteignant les gros traitements.

Le Ministère, toutefois, ne se jugea pas totalement désarmé par le caractère quasi-unanime de l'indignation populaire.

MESURES ARBITRAIRES

Des poursuites furent ordonnées. Mais il n'était pas possible de traîner devant les tribunaux les centaines de mille de protestataires. Aussi nous sommes en présence de cet état de choses que nous tenons à signaler, parce qu'il constitue un véritable scandale : On a choisi et poursuivi au hasard, 5 ici, 10 là, 20 ailleurs, sans que rien ne puisse justifier ces choix, pour faire des exemples, pour essayer d'intimider.

Des saisies-arrêts ou mobilières ont été effectuées parfois, alors que, dans la même localité, des milliers de contribuables se trouvant dans le même cas ne furent pas inquiétés.

Une telle situation n'est pas seulement la consécration de l'arbitraire. Elle confirme l'existence dans le régime d'un malaise profond et contribue à le discréditer si possible plus profondément. Un régime est bien peu défendable, en effet, qui en est réduit à l'emploi de tels expédients.

RETENUES SUR LES SALAIRES

Poussée par le besoin d'extorquer, par tous les moyens, à la classe ouvrière, l'argent qu'elle n'a pas eu le courage de prendre dans les coffres-forts des profiteurs de la guerre, l'administration des finances ne recula devant aucun scrupule. Certains de ses percepteurs allèrent jusqu'à faire opérer des retenues sur les salaires des ouvriers qui refusaient de payer l'impôt.

Questionné par un député sur demande de la Fédération des Métaux, le Ministre des Finances répondit, s'appuyant sur une loi de 1808, que les instructions de ses percepteurs étaient parfaitement légales et indiqua la procédure suivante qui, selon lui, doit-être suivie en pareil cas : L'Administration, par voie de sommation gratuite adressée au patron pour être transmise au salarié, invite ce dernier à s'acquitter de sa dette envers le Trésor. Si celui-ci n'en tient pas compte, une nouvelle sommation *avec frais* est envoyée au patron. Et enfin, s'il y a persistance dans le refus de payer, des poursuites sont engagées, mais toujours *contre le patron* « dont la responsabilité est substituée à celle du contribuable ».

Nous observons d'abord, sans plaisir mais sans étonnement, que le Ministre des Finances qui prétend ne pouvoir demander les ressources nouvelles dont il a besoin à l'impôt sur le revenu, sous prétexte qu'une revision des taux entraînerait à de nouvelles investigations gênantes pour le contribuable, n'hésite pas à rechercher dans les lois du Premier Empire un texte qui permettra, grâce à une fausse interprétation, de frapper les salaires ouvriers.

Quoi qu'il en soit, nous affirmons qu'étendre les dispositions de la loi de 1808 à l'application de l'impôt sur les salaires constitue une malhonnêteté juridique; que les déclarations faites à la Chambre et au Sénat pendant les débats sur le projet de loi ne sauraient permettre de tels agissements; **que les retenues sur les salaires sont illégales.**

SAISIES-ARRETS

Il est bon d'ajouter cependant que si les retenues sont illégales, les saisies-arrêts sont parfaitement légales.

Toutefois, nous croyons devoir indiquer :

1° Qu'en vertu de la loi du 27 juillet 1921, les salaires de *moins de*

6.000 *francs* ne sont saisissables que jusqu'à concurrence *de* 1/10 *de
leur montant;*

2° Que les salaires *supérieurs* à 6.000 *francs* sont saisissables *en
totalité;*

3° Que les allocations ou indemnités pour charges de famille sont
insaisissables et, par conséquent, ne doivent pas entrer en ligne de
compte dans le calcul du salaire soumis à la saisie.

ANNULATIONS NÉCESSAIRES

La loi dont on poursuit l'application actuellement date de juillet 1917. Ce sont donc régulièrement les impôts de trois années que
l'Administration des Finances devrait réclamer aux travailleurs.

On peut dire que la guerre a provoqué un tel état de désordre que,
depuis 1914, nous sommes en présence d'une véritable suspension
générale du versement régulier des impôts. Le Gouvernement ayant,
par une politique financière que nous n'avons pas à juger ici, contribué
à perpétuer ce désordre, cette vie au jour le jour, cette imprévoyance,
on ne saurait raisonnablement exiger des travailleurs qu'ils aient,
trois années durant, économisé pour le jour où le Gouvernement se
déciderait enfin à leur demander de l'argent.

Nous n'exagérons rien en affirmant que si l'on exigeait des ouvriers
qu'il paient la totalité de leurs arriérés d'impôts sur les salaires, un
certain nombre d'entre eux, pour ne pas dire tous, auraient une somme
à verser équivalente à un ou deux mois de leurs salaires actuels.

Il est d'ailleurs parfaitement ridicule que l'Administration des
finances réclame aux uns leurs impôts de 1918, à d'autres ceux de
1919, à d'autres encore ceux de 1920.

D'autre part, il nous est permis de douter, très sérieusement, que
l'Administration des Finances possède, non pas pour la totalité, mais
pour la majorité des contribuables, les éléments qui lui permettent
d'établir avec certitude leur revenu global pour chacune des trois
années et leurs droits aux déductions, éléments à défaut desquels,
cependant, il lui est impossible de déterminer avec précision le montant de l'impôt sur les salaires.

Une mesure s'impose : *l'annulation de l'impôt sur les salaires
annuels inférieurs à* **10.000 francs,** *depuis son application primitive
jusqu'au jour où le Parlement aura établi un régime sérieux et viable.*

MAUVAIS MOMENT

L'heure est d'ailleurs bien mal choisie pour tenter l'application
pure et simple de la loi. En effet, profitant du chômage, le patronat,

aidé en cela ouvertement par les pouvoirs publics, poursuit depuis déjà de nombreux mois une offensive formidable en vue d'imposer de sensibles diminutions de salaires. Des réductions relativement considérables ont été ainsi effectuées dans les diverses industries et régions.

D'autre part, certaines catégories de dépenses affectant les ménages ouvriers n'ont cessé d'augmenter : les loyers par exemple.

En un mot, il est évident que les ressources réelles dont disposent aujourd'hui les travailleurs en général ont subi depuis deux ans une diminution progressive et constante qui a atteint de notables proportions.

Cette simple constatation serait de nature à justifier, à elle seule, toutes nos protestations contre l'application de l'impôt.

REVISION INDISPENSABLE

Nous pouvons nous baser, du reste, sur l'esprit même de la loi et les intentions exprimées du législateur.

Conformément au principe de justice sur lequel se sont appuyés les auteurs et défenseurs de la loi, on peut affirmer que le point de départ pour la détermination de ces conditions d'application est la fixation du salaire minimum nécessaire à l'existence.

Au cours de la discussion qui eut lieu en juillet 1917 à la Chambre, sur le projet revenu enfin du Sénat, le rapporteur, M. Dumesnil, fit cette déclaration qui confirme bien notre observation : après avoir dit que personne ne pouvait s'élever contre le principe de l'impôt sur les traitements et salaires, il ajoutait :

Notre grand et regretté collègue, M. Jaurès, au cours de la discussion en 1909, a dit lui-même, au nom de ses amis et au nom de son parti, **que du moment que les petits et moyens traitements ou salaires étaient dégrevés,** il reconnaissait la justice du principe de l'impôt sur les traitements et salaires.

Et M. René RENOULT ajoutait, au cours de la même séance de la Chambre, parlant de la loi qui allait être votée :

En premier lieu, elle consacre la notion du minimum d'existence **sur lequel aucune contribution ne saurait être équitablement prélevée.** Tel est le but des dispositions relatives aux exemptions à la base.

L'on sait que les taux minima des salaires imposables sont de :

4.000 francs pour les communes de 50.000 habitants et au-dessous ;

5.000 francs pour les communes de plus de 50.000 habitants ou situées dans un rayon de 15 kilomètres à partir du périmètre de la partie agglomérée d'une commune de plus de 50.000 habitants ;

6.000 francs pour Paris et les communes de la banlieue, dans un rayon de 25 kilomètres à partir de l'octroi de Paris.

Nous affirmons que ces taux sont notablement inférieurs à la somme nécessaire à l'ouvrier pour vivre normalement avec sa famille.

Leur revision s'impose.

ÉDIFIANTES COMPARAISONS

Le minimum *officiel* nécessaire à l'existence pourrait être aisément fixé. Il suffirait de tirer des conclusions des chiffres fournis par les Commissions d'évaluation du coût de la vie.

Si nous employons le terme « officiel », c'est parce que nous savons que, dans de nombreux cas, ces Commissions ont donné des chiffres quelque peu... fantaisistes.

Pourtant, même dans les conditions actuelles et après avoir procédé aux évaluations locales, il serait sans doute intéressant de comparer le coût de la vie ainsi trouvé au maximum du traitement profitant de l'exemption d'impôt.

Il est du reste certaines dispositions législatives qui s'appuient sur l'évaluation de ce minimum nécessaire à l'existence : par exemple celles ayant trait aux saisies-arrêts sur les salaires. Une nouvelle loi du 27 juillet 1921 prévoit que les salaires inférieurs à 6.000 francs ne sont saisissables que dans la proportion de 1/10 de leur montant (indemnités pour charges de famille n'entrant pas en ligne de compte dans le calcul du salaire).

Il est difficile de concilier ces dispositions essentielles avec celles visant à l'application de la loi qui nous préoccupe.

COMMISSIONS RÉGIONALES

Si l'on veut respecter l'esprit de la loi, il faut que soit déterminé le minimum nécessaire à l'existence que l'impôt ne saurait atteindre.

Les organismes fonctionnant actuellement ne donnent aucune garantie ; il est à remarquer qu'en fait, leur fonctionnement a tendu à atteindre un but autre que celui qui leur était assigné; peut-être l'impuissance gouvernementale à se dresser résolument contre l'hostilité de l'industrie et du commerce a-t-elle contribué à précipiter cette déviation. En tout cas, ces organismes ne trouvent plus autour d'eux, généralement, qu'indifférence ou hostilité. Souvent leurs travaux, influencés par la pression de fonctionnaires et élus rétrogrades et des employeurs (qui n'était en aucune façon contrebalancée par la résistance des délégués ouvriers qui s'abstenaient non sans raison d'y participer) ont servi d'apparence de justification, devant l'opinion publique, de mesures brutalement contraires aux intérêts ouvriers.

Ces organismes, en conséquence, ne sauraient être utilisés pour l'objet qui nous préoccupe. D'ailleurs, leur composition ne correspond pas à ce que nous en attendons.

Nous demandons que soient constituées des Commissions régionales qui, chaque année, établiront par région le minimum nécessaire à l'existence; la détermination de ce minimum étant uniquement destinée à fixer les bases de salaire imposable.

Les résultats des travaux de ces Commissions régionales seraient centralisés au Ministère des Finances. Une Commission supérieure établirait alors la moyenne de ce minimum pour l'ensemble du pays.

Il y aurait modification des bases de salaire imposable, d'après les indications de la Commission supérieure, lorsque les variations du minimum nécessaire à l'existence s'élèveraient à mille francs au moins en augmentation ou en diminution du taux primitif.

De même que pour la constitution de certaines Commissions ministérielles, on ne fait appel qu'aux représentants des entreprises industrielles ou commerciales, les Commissions régionales pourraient être composées, pour moitié de délégués des organisations ouvrières et pour l'autre moitié des représentants des administrations ou assemblées élues (Conseils municipaux, d'arrondissement, généraux pour les Commissions régionales, Ministère des Finances pour la Commission supérieure).

LE CARACTÈRE PRIMITIF DE LA LOI

L'impôt sur les salaires fait partie de tout un système connu sous le nom de l'impôt sur le revenu.

En ignorant ou oubliant le caractère qu'on a voulu lui donner, sa signification et sa portée primitives, on s'expose à des interprétations fausses et à des abus, à de véritables illégalités.

Il doit toujours être considéré, en principe, comme un *impôt de remplacement* et non comme un *impôt de complément.*

Est-ce à dire que, quand la loi fut votée, en juillet 1917, il entrait dans l'esprit du législateur que l'impôt sur le revenu allait permettre de supprimer immédiatement, ne serait-ce que dans la proportion des ressources nouvelles prévues, les autres contributions et particulièrement les impôts de consommation qui grèvent si lourdement les budgets ouvriers?

C'eût été d'une bien grande naïveté. Et le colloque suivant qui s'engagea à la Chambre le 17 juillet 1907 entre le Ministre des Finances et M. Caillaux montre que nos hommes d'Etat ne sont pas des naïfs.

M. LE MINISTRE DES FINANCES. — ... D'autre part, je crois — M. Caillaux est trop homme de gouvernement pour ne pas être de mon avis — que ceux qui soutiendraient que nous n'avons rien à demander aux contributions indirectes, dans la phase financière que nous allons traverser, commettraient une véritable hérésie, préjudiciable aux intérêts du Trésor.

M. LE RAPPORTEUR. — Je suis tout à fait de votre avis.

M. Joseph CAILLAUX. — Ne me prêtez pas — vous venez d'ailleurs de le dire, mais je tiens néanmoins à protester — ne me prêtez pas l'idée tout à fait folle de toucher aux contributions indirectes, même, hélas ! je le dis hardiment, de ne pas en attendre l'augmentation.

Nous ne tomberons pas, de notre côté, dans le travers qui consiste à ne pas tenir compte des réalités et à préconiser des choses irréalisables.

L'impôt sur le revenu (général et cédulaire) n'en doit pas moins être considéré, nous le répétons, comme un *impôt de remplacement.*

Nous tenons à ce que cette question de principe, qui doit influer sur toute la politique financière gouvernementale, soit bien établie.

Et nous appuierons notre affirmation sur les déclarations des principaux parlementaires qui participèrent aux discussions.

C'est d'abord le rapporteur M. DUMESNIL, qui se livre à un court historique :

Messieurs, l'impôt sur le revenu est une vieille connaissance ; nous saluons avec joie son retour parmi nous après une absence de huit années. Mais ne nous attardons pas trop aux retrouvailles, car le temps presse.

Il faut que, dès le début du mois prochain, la Chambre et le Sénat soient définitivement d'accord pour que la loi puisse entrer en application dès le 1er janvier 1918.

En effet, la date annuelle de la loi des quatre contributions, que nous voulons supprimer, est menaçante.

Cette loi doit régulièrement être votée avant la session des Conseils généraux ; or, aux termes de la loi du 10 août 1871, les Conseils généraux se réunissent le premier lundi qui suit le 15 août, c'est-à-dire le 20 du mois prochain. **Il est donc absolument nécessaire, si nous voulons ne pas voter la loi des quatre contributions — nous les supprimons dans notre projet —** qu'avant cette date nous ayons d'une façon définitive, par un accord entre les deux assemblées, voté la loi nouvelle de l'impôt sur le revenu . . . .

. . . .

Le 7 février, M. Joseph Caillaux, Ministre des Finances du cabinet Clemenceau, déposa le projet dans lequel étaient déjà incluses les diverses parties de la réforme qui ont été, depuis cette époque, réalisées par les lois successives, et celles dont nous vous demandons aujourd'hui l'adoption.

Ce projet avait été précédé de très nombreuses propositions qui, toutes, avaient pour but de réformer nos vieilles contributions et d'atteindre la richesse à ses sources véritables en taxant les contribuables suivant leurs forces réelles.

Depuis le 13 avril 1848, date à laquelle M. Goudchaux, Ministre des Finances, proposait à l'Assemblée nationale le premier texte d'impôt sur le revenu, 70 projets tentèrent de mettre notre système fiscal en harmonie avec le progrès des idées et la transformation des choses. Surtout au cours des dernières années, les projets se succédèrent nombreux et précis. A la suite notamment des travaux de la Commission extra-parlementaire de 1894-1895 que M. Poincaré, alors Ministre des Finances, avait instituée, un certain nombre de propositions furent soumises aux Chambres.

Ces projets, dans l'ordre où ils se sont succédés, sont les projets Ribot, Cochery, Doumer, Peytral, le projet Caillaux de 1900, le projet Rouvier et enfin le texte Caillaux de 1907. **Le projet Caillaux de 1907 comportait la suppression de nos vieilles contributions directes et leur substituait un impôt sur toutes les catégories de revenus** répartis entre sept cédules différentes : revenus de la propriété foncière bâtie ; revenus de la propriété foncière non bâtie ; revenus des capitaux mobiliers ; revenus du commerce et de l'industrie, y compris les charges et offices ; bénéfices des exploitations agricoles ; traitements publics et privés, salaires, pensions et rentes viagères ; enfin, revenus des professions libérales et de toutes occupations lucratives non dénommées dans les premières catégories.

En outre, à ces diverses contributions cédulaires qui formaient la base de l'édifice, se superposait un impôt complémentaire qui avait en lui la force de progressivité et destiné à frapper l'ensemble des revenus au-dessus de 5.000 francs.

. . . .

. . . .

N'oublions pas que dans le projet primitif, celui de M. Caillaux que la Chambre avait voté en 1909, **l'impôt général sur le revenu était un impôt de remplacement qui devait être substitué à la personnelle-mobilière et aux portes et fenêtres supprimées.**

Puis, c'est M. Alexandre Varenne qui, au cours de la même séance, fait cette judicieuse observation :

Il y a dix ans, les impôts qu'on nous propose aujourd'hui avaient tous le caractère commun d'impôts de remplacement. Le premier impôt complémentaire qui devait être, lui aussi, à l'origine, un impôt de remplacement établi en 1914, est devenu un impôt de superposition qu'ont aggravé les lois successives, que va même aggraver la loi que nous discutons en ce moment.

Après lui, c'est M. René Renoult qui, après un intéressant exposé, ajoute :

Tel est l'objet des dispositions qui nous sont aujourd'hui soumises ; **elles vont permettre de parfaire intégralement la réforme fiscale et de supprimer les dernières de nos vieilles contributions encore existantes.**

Ces textes suffisent, croyons-nous, pour fixer le caractère véritable de la loi. Qu'on attende, de son application, un supplément de ressources sans qu'y corresponde une diminution des charges que subissent les ménages ouvriers, c'est fausser son esprit.

TOUT LE PROBLÈME

On peut admettre, à la rigueur, que la situation de guerre n'ait pas permis de procéder aux transformations profondes dans le régime des impôts dont la nécessité était apparue à tous. Ainsi s'expliquent, du moins, les réserves faites par M. Caillaux lui-même sur la portée immédiate de la loi.

Mais si l'on ne pouvait espérer et attendre d'elle, dans une telle situation, qu'elle permette la suppression immédiate de toutes les contributions indirectes, il n'en est pas moins vrai qu'elle jette les bases d'un principe de justice en matière fiscale. Et c'est ce principe qui doit régulièrement et constamment inspirer notre politique financière.

Sur ce terrain encore, nous ferons appel à l'opinion des parlementaires au moment du vote de la loi.

Dans la séance de la Chambre du 17 juillet 1917, M. DUMESNIL, rapporteur, fait ces intéressantes déclarations :

L'impôt indirect est très lourd chez nous actuellement, et si nous demandons d'instituer la réforme fiscale, c'est notamment parce qu'il importe de rétablir l'équilibre au bénéfice des petits et des moyens contribuables, gravement meurtris actuellement par l'incidence excessive des impôts indirects. (Très bien ! Très bien !)

Savez-vous quel est leur rendement par rapport à celui des impôts directs ? Voici pour 1916, en France, les deux proportions.

La proportion des contributions directes proprement dites en France, dans le total des recettes budgétaires, est de 11,6 % ; celle des impots indirects proprement dits est de 39,80 %. Considérez ces deux chiffres et vous apercevrez qu'en réalité, même si l'on exempte les petits contribuables d'impôts directs, l'équilibre n'est pas rétabli à leur profit, il s'en faut de beaucoup.

On demande aujourd'hui, proportionnellement, beaucoup plus à l'impôt indirect qu'en 1916. Aussi, les observations de M. Dumesnil ont-elles, si possible, encore plus de valeur.

C'est encore M. DUMESNIL qui, après avoir examiné la situation financière, s'écriait :

A qui demanderez-vous cette somme ? Est-ce aux impôts indirects qui actuellement, je répète ce mot parce qu'il n'y en a pas d'autre, meurtrissent les petits et les moyens contribuables ? Je ne le crois pas. En tout cas, si vous demandez aux impôts indirects un supplément de ressources, il est de toute nécessité de demander aux impôts directs un supplément de ressources beaucoup plus considérable.

Et M. René RENOULT, après avoir proclamé que le Parti Républicain n'a cessé de protester chaque fois que les gouvernants :

Surpris par les problèmes budgétaires, trouvaient dans l'urgence des événements une excuse pour ajourner la solution radicale de justice, c'est-à-dire une contribution prélevée directement sur les revenus vrais des contribuables et se résignaient à l'expédient facile de taxes de consommation dont peu à peu le poids alourdissait démesurément la charge fiscale des classes peu fortunées de la nation.

Définissait ainsi la loi nouvelle :

Un système d'impôts qui permettra de faire face dans une large mesure aux lourdes charges financières que nous devons d'ores et déjà envisager, en prélevant les contributions dans les conditions de stricte équité que commandent impérieusement les légitimes aspirations de la démocratie, et en ne recourant aux impôts indirects, que les besoins accrus de la vie du pays peuvent rendre nécessaires, qu'**après avoir demandé à la fortune** le juste et exact tribut qu'elle doit supporter. (Vifs applaudissements.)

Il s'associait ainsi à cette déclaration précédente du rapporteur :

M. LE RAPPORTEUR. — Par conséquent, nous qui, en tout cas, avons déjà des impôts directs très lourds qui pèsent, par une incidence meurtrière, sur les petites gens, sur les petites bourses, sur les modestes travailleurs des villes et des campagnes, nous avons le droit de dire que, quand nous demandons un effort supplémentaire à la fortune, aux classes aisées, à la bourgeoisie, nous demandons simplement une œuvre de justice. Nous rétablirons ainsi l'équilibre. (Applaudissements.)

Nous avons cru devoir faire toutes ces citations parce que, mieux que toutes les interprétations personnelles, elles déterminent le véritable caractère de la loi.

Et c'est en nous basant sur les principes de cette loi, considérée par le Ministre des Finances d'alors comme une véritable « *révolution fiscale* », que nous devons réclamer, exiger une refonte totale du système des impôts dans le sens, sinon d'une diminution des contributions indirectes, du moins d'augmentation sensible des charges frappant la fortune.

VERS LA JUSTICE FISCALE

Nous ne nous dissimulons pas que la guerre a mis ce pays en présence d'une situation financière difficile, que perpétue une situation économique déplorable à laquelle on n'a pas su remédier en adoptant les mesures d'ordre national et international que la C. G. T. réclama et qui s'imposaient.

Il n'est sans doute pas inutile de rappeler cette élémentaire vérité que l'homme doit vivre en société; que la société lui donne la possibilité de vivre, de perfectionner ses conditions d'existence; qu'en échange l'homme doit fournir à la société sa quote-part d'effort, de contribution, pour assurer son fonctionnement normal. Cette vérité est au-dessus des couleurs des régimes politiques.

Il n'est pas moins inutile, croyons-nous, de rappeler cette autre vérité que, quels que soient les hommes et les partis qui sont ou seront au pouvoir, ils doivent ou devront, à moins d'en revenir au système ancien des prestations en nature, instaurer un système d'impositions qui permette de trouver les ressources nécessaires au fonctionnement normal de la société.

Nous pensons que le meilleur système d'impôts serait celui qui, faisant disparaître tous les impôts indirects, établirait la véritable égalité dans la contribution aux charges sociales.

L'impôt indirect est un impôt d'hypocrisie, de paresse, qui s'applique à un peuple auquel fait défaut toute notion de ses devoirs sociaux.

L'impôt qui réaliserait le maximum de justice serait celui qui, frappant tous les salaires et revenus, même les plus faibles, assurerait à lui seul l'ensemble des ressources indispensable; impôt dont le taux subirait une élévation progressive, proportionnellement à l'importance des salaires et revenus. Principe de justice qui trouverait sa complète consécration dans la suppression, d'autre part, de tous les impôts indirects.

Système extrêmement audacieux qui donnerait au contribuable une idée exacte de l'effort qu'il accomplit, qui ferait surgir en lui le sentiment des droits et responsabilités que lui confère un tel effort et qui interdirait à un gouvernement toutes aventures financières.

Système audacieux qui ne permettrait pas la politique d'expédients et qui, surtout, remettrait entre les mains de la population une arme redoutable puisque, en cas de mécontentement de sa part et de mauvaise volonté à payer l'impôt, le Gouvernement n'aurait pas la suprême ressource d'employer le moyen détourné des impôts de consommation.

Et c'est cependant ce système qui est à la base de l'impôt sur les salaires et revenus et qui trouve en lui un commencement de réalisation.

Aussi du fait même que cette loi a été votée, que ce principe a été admis, nous disons que les ressources nouvelles dont peut avoir besoin le Gouvernement ne doivent pas être demandées désormais aux impôts indirects qui frappent surtout les petits et moyens contribuables, mais à l'impôt direct, par l'augmentation des taux frappant les grosses fortunes.

CONCLUSION

Nous avons dit qu'une campagne active devait être entreprise. En conclusion des considérations développées dans cette brochure, nous pensons qu'elle doit porter sur les points suivants :

1° Abandon des poursuites et saisies;

2° Annulation de l'impôt sur les salaires inférieurs à 10.000 fr. depuis sa date légale de première application jusqu'au jour où le Parlement aura procédé à un nécessaire remaniement;

3° Revision des taux minima de salaires imposables et fixation de ces taux à :

6.000 francs pour les communes de 50.000 habitants et au-dessous;

7.000 francs pour les communes de plus de 50.000 habitants ou situées dans un rayon de 15 kilomètres à partir du périmètre de la partie agglomérée d'une commune de plus de 50.000 habitants;

8.000 francs à Paris et dans les communes de la banlieue dans un rayon de 25 kilomètres à partir du périmètre de l'octroi de Paris;

La fraction du revenu imposable comprise entre le minimum exonéré et la somme de 10.000 francs serait comptée pour moitié;

4° Obligation de consulter les organisations ouvrières pour l'évaluation du minimum nécessaire à l'existence;

Pour cela, constitution de Commissions régionales et d'une Commission supérieure dans lesquelles entreront les délégués des organisations ouvrières dans la proportion de 50 %;

5° Contre toute augmentation nouvelle des impôts de consommation; au besoin pour leur diminution et augmentation proportionnelle des impôts sur les grosses fortunes, par le simple jeu des augmentations des tarifs prévus dans la loi d'impôt sur le revenu.

FONCTIONNEMENT DE LA LOI

PREMIÈRE PARTIE

Impôt sur les Salaires.

CHAMP D'APPLICATION DE L'IMPOT

L'impôt s'applique à tous les salariés des deux sexes, fonctionnaires de toutes administrations et ouvriers de toutes industries.

En principe, il atteint non seulement le salaire fixe proprement dit, mais toutes les formes de rémunérations permanentes ou temporaires qui s'y ajoutent, telles que : indemnités de logement, de résidence, allocations de cherté de vie, pourboires, etc...

C'est ainsi que le représentant de commerce voit, non seulement son salaire fixe soumis à l'impôt, mais aussi la remise qui lui est accordée sur le placement de ses marchandises et qui, en fait, constitue l'essentiel de son traitement.

L'ouvrier coiffeur, le garçon d'hôtel, de restaurant est imposé non seulement sur son salaire proprement dit, qui souvent n'existe pas, mais aussi sur ses pourboires.

Au salaire s'ajoutent parfois le logement, la nourriture, le chauffage, l'éclairage, etc... C'est ainsi que, dans l'industrie de l'alimentation par exemple, un grand nombre d'ouvriers sont nourris et logés. Dans les grandes usines et administrations, des surveillants sont logés, chauffés, éclairés. L'évaluation qui est faite de ces avantages en nature par l'administration est ajoutée, aux fins d'imposition, aux salaires et indemnités.

La valeur des avantages en nature établie par l'administration est toujours contestable par les intéressés.

Toutefois, les frais qui découlent de l'exercice de la fonction ne sont pas assujettis à l'impôt. L'indemnité de déplacement accordée, par exemple, en plus du salaire, à l'ouvrier monteur envoyé pour un temps plus ou moins long à quelques dizaines ou centaines de kilomètres du lieu habituel de travail et de résidence, est considérée comme un remboursement de frais supplémentaires qu'occasionne le déplacement et n'est pas soumise à l'impôt.

Les frais de voyage, de réception et de visite des clients, etc..., peuvent être déduits du traitement fixe et imposable du représentant de commerce, étant entendu que, pour ses frais d'hôtel, il ne peut être demandé déduction que de la partie qui excède la somme normale de frais que l'intéressé aurait faits chez lui.

Enfin, aux termes de l'article 23 de la loi du 31 juillet 1917 : « Les « allocations aux familles nombreuses (sursalaire familial, allocation « familiale), *versées exclusivement par des employeurs ou groupements* « *d'employeurs* à leur personnel, ne rentrent pas, pour le calcul de « l'impôt, dans les revenus visés par le présent article. »

C'est le seul genre d'allocation, s'ajoutant au salaire proprement dit, qui reste en dehors de l'application de l'impôt.

DÉCLARATIONS

La déclaration de salaire est faite par les employeurs qui remettent, « *dans le courant du mois de janvier de chaque année, au contrôleur* « *des contributions indirectes un état indiquant* :

« 1° *Les noms et adresses des personnes qu'ils ont occupées au cours* « *de l'année précédente;*

« 2° *Le montant des traitements, salaires et rétributions payées à* « *chacune d'elles pendant ladite année;*

« 3° *La période à laquelle s'appliquent ces paiements lorsqu'elle est* « *inférieure à une année, mais supérieure à trente jours consécutifs.* »

Le salarié n'a donc aucune déclaration obligatoire à faire. Toutefois il a intérêt à faire sa déclaration de salaire pour l'impôt global sur le revenu, dont il sera parlé plus loin, et sa déclaration de charges de famille. *En négligeant de le faire, il s'exposerait à d'assez graves ennuis.*

MONTANT ET CALCUL DE L'IMPOT

L'impôt atteint les salaires supérieurs à :

4.000 fr. pour les communes de 50.000 habitants et au-dessous;

5.000 fr. — — plus de 50.000 habitants ou situées dans un rayon de 15 kilomètres à partir du périmètre de la partie agglomérée d'une commune de plus de 50.000 habitants;

6.000 fr. à Paris et dans les communes de la banlieue dans un rayon de 25 kilomètres à partir du périmètre de l'octroi de Paris.

La fraction du revenu imposable comprise entre le minimum exonéré et la somme de 8.000 fr. est comptée pour moitié.

Le taux de l'impôt est de 6 %.

Premier Exemple :

Dans une commune de moins de 50.000 habitants. Salaire : 10.000 fr.
Jusqu'à 4.000 francs, exonération.
Moitié de la somme comprise entre 4.000 et 8.000 fr. ....   2.000 fr.
Totalité de la somme comprise entre 8.000 et 10.000 fr. ..   2.000 »

Total ....   4.000 fr.

L'impôt s'élève à 4.000 fr. à 6 % = **240 fr.**

Deuxième Exemple :

Commune de plus de 50.000 habitants. Salaire : 10.000 francs.
Jusqu'à 5.000 fr., exonération.
Moitié de la somme comprise entre 5.000 et 8.000 fr. ....   1.500 fr.
Totalité de la somme comprise entre 8.000 et 10.000 fr. ..   2.000 »

Total ....   3.500 fr.

L'impôt s'élève à 3.500 fr. à 6 % = **210 fr.**

Troisième Exemple :

Paris ou banlieue. Salaire : 10.000 francs.
Jusqu'à 6.000 fr., exonération.
Moitié de la somme comprise entre 6.000 et 8.000 fr. ....   1.000 fr.
Totalité de la somme comprise entre 8.000 et 10.000 fr. ..   2.000 »

Total ....   3.000 fr.

L'impôt s'élève à 3.000 fr. à 6% = **180 fr.**

MONTANT DE L'IMPOT ATTEIGNANT LES SALAIRES

de 5.000 à 100.000 francs.

SALAIRES	COMMUNES de 50,000 habitants et au-dessus	COMMUNES de plus de 50,000 habitants	PARIS et BANLIEUE
5.000	30	—	—
6.000	60	30	—
7.000	90	60	30
8.000	120	90	60
9.000	180	150	120
10.000	240	210	180
11.000	300	270	240
12.000	360	330	300
13.000	420	390	360
14.000	480	450	420
15.000	540	510	480
16.000	600	570	540
17.000	660	630	600
18.000	720	690	660
19.000	780	750	720
20.000	840	810	780
25.000	1.140	1.110	1.080
30.000	1.440	1.410	1.380
40.000	2.040	2.010	1.980
50.000	2.640	2.610	2.580
75.000	4.140	4.110	4.080
100.000	5.640	5.610	5.580

La loi de 1917 avait fixé comme suit les bases du salaire imposable :

1.500 fr. pour les communes de 10.000 habitants et au-dessous;

2.000 fr.   —   —   10.000 à 100.000 habitants;

2.500 fr.   —   —   plus de 100.000 habitants;

3.000 fr. pour Paris.

Le taux de l'impôt était de 3 fr. 75 %.

Les nouvelles dispositions, exposées ici, établies par une loi du 25 juin 1920, sont applicables, par effet rétroactif aux impositions de 1918 et 1919.

RÉDUCTIONS POUR CHARGES DE FAMILLE

Sont considérés comme étant à la charge des contribuables :

1° Les ascendants : père, mère, grand-père, grand'mère, belle-mère âgés de plus de 70 ans (1) ou infirmes;

2° Les descendants : fils, fille, petit-fils, petite-fille et enfants adoptés ou recueillis, âgés de moins de 21 ans ou infirmes.

Lorsque, défalcation faite des déductions pour charge de famille, prévues pour ce qui concerne l'impôt général sur le revenu, et que nous examinons plus loin, la somme totale des revenus est inférieure à 10.000 francs, il est procédé à une réduction de l'impôt qui est fixée à :

7,50 % pour 1 personne à charge
15 % — 2 — —
30 % — 3 — —
45 % — 4 — —
60 % — 5 — —
75 % — 6 — —
90 % — 7 — —

Lorsque, après les mêmes défalcations, le revenu total reste supérieur à 10.000 fr., la réduction de l'impôt est fixée à :

5 % pour 1 personne à charge
10 % — 2 — —
15 % — 3 — —
25 % — 4 — —
35 % — 5 — —
45 % — 6 — —
55 % — 7 — —

Le montant total de la réduction ne peut excéder 300 fr. par personne à charge.

---

(1) 60 ans quand il s'agit de femmes veuves vivant sous le même toit que leur fils ou leur fille et étant à leur charge exclusive.

Il faut bien remarquer que c'est *à l'impôt* que s'applique la réduction et non au salaire qui sert de base au calcul de l'impôt.

EXEMPLE :

Un ouvrier habitant une commune de moins de 50.000 habitants. gagne un salaire de 8.000 francs par an. Il a d'autres ressources qui, ajoutées à son salaire, portent son revenu total à 14.000 francs par an. Il est marié et est père d'un enfant qu'il a sa charge.

Si nous défalquons du revenu total les déductions pour charges de famille dont nous donnons les taux plus loin (en l'espèce 3.000 fr. pour la femme et 2.000 fr. pour l'enfant, soit au total : 5.000 fr.), il reste un revenu global de **9.000 fr.** et la réduction sur l'impôt atteignant le salaire est de 7.50 % (une personne à charge).

En conséquence, le calcul s'établit comme suit :

Jusqu'à 4.000 fr., exonération.

Moitié de la somme comprise entre 4.000 et 8.000 fr., soit 2.000 à 6 % .... 120 fr.

Réduction : 120 à 7,50 % = 9 fr.

Reste à payer : 120 — 9 = 111 fr.

DEUXIÈME EXEMPLE :

Un ouvrier habitant une commune de moins de 50.000 habitants gagne un salaire de 9.000 fr. par an. Il a d'autres ressources qui, ajoutées à son salaire, portent son revenu total à 18.000 francs par an. Il est marié et père d'un enfant qu'il a sa charge.

Si nous défalquons du revenu total les déductions pour charges de famille dont nous donnons les taux plus loin (en l'espèce 3.000 francs pour la femme et 2.000 pour l'enfant, soit au total 5.000 francs), il reste un revenu global de **13.000 fr.** et la réduction sur l'impôt atteignant le salaire est de 5 % (une personne à charge).

En conséquence, le calcul s'établit comme suit :

Jusqu'à 4.000 fr., exonération.

Moitié de la somme comprise entre 4.000 et 8.000 fr., soit 2.000 à 6 % .... 120 fr.

Totalité de la somme comprise entre 8.000 et 9.000 fr., soit 1.000 à 6 % .... 60 »

Total .... 180 fr.

Réduction : 180 à 5 % = 9 fr.

Reste à payer : 180 — 9 = 171 fr.

TROISIÈME EXEMPLE :

Commune de moins de 50.000 habitants. Salaire de 9.000 fr. Revenu total : 17.000 francs. Marié, père de 3 enfants mineurs, beau-père à sa charge.

Déductions pour charges de famille :

Pour la femme .... 3.000 fr.
— les 3 enfants .... 6.000 »
— le beau-père .... 1.500 »

Total .... 10.500 fr.

Il reste un revenu global de 17.000 fr. moins 10.500 fr., soit 6.500 fr. et la réduction sur l'impôt atteignant le salaire (impôt cédulaire) est de 45 % (4 personnes à charge).

En conséquence, le calcul s'établit comme suit :

Jusqu'à 4.000 fr., exonération
Moitié de la somme comprise entre 4.000 et 8.000 fr., soit
2.000 à 6 % .... 120 fr.
Totalité de la somme comprise entre 8.000 et 9.000 fr., soit
1.000 à 6 % .... 60 »

Total .... 180 fr.

Réduction : 180 à 45 %=81 fr.
Reste à payer : 180 — 81=99 fr.

Pour bénéficier de ces réductions, le contribuable doit faire la déclaration de ses charges de famille en remplissant une formule qu'il trouve, à cet effet, dans les mairies. Ces déclarations doivent être envoyées, sous enveloppe affranchie, au contrôleur des contributions directes.

DEUXIÈME PARTIE

Impôt Général sur le Revenu.

Nous venons de voir que les réductions pour charges de famille sont fixées d'après les déductions opérées par application de l'impôt général sur le revenu.

Il y a en effet deux impôts qui se superposent : l'impôt cédulaire qui comprend :

I. — Impôt sur les bénéfices commerciaux et industriels;
II. — Impôt sur les bénéfices de l'exploitation agricole;

III. — Impôt sur les traitements, émoluments et salaires;
IV. — Impôt sur les pensions et rentes viagères;
V. — Impôt sur les revenus des Charges et Offices.
VI. — Impôt sur les bénéfices des professions non commerciales;
VII. — Contributions foncières des propriétés bâties et non bâties;
VIII. — Redevance proportionnelle des Mines;
IX. — Impôt sur le revenu des valeurs mobilières, des créances, dépôts et cautionnements.

Soit neuf cédules et l'impôt général sur le revenu.

De sorte que chaque revenu est atteint deux fois : par l'impôt cédulaire et par l'impôt général.

QU'EST-CE QUE LE REVENU ?

Le revenu global soumis à l'impôt général comprend la totalité des revenus prévus dans les catégories — ou cédules — ci-dessus énumérées. Pour être complète, cette étude devrait comprendre une définition du revenu par cédule, comme nous avons donné au début de cette explication une définition du salaire.

Il est certain qu'un grand nombre de salariés sont atteints par l'impôt général sur le revenu, au moins en ce qui concerne certaines impositions cédulaires s'ajoutant à celles atteignant déjà les salaires : par exemple, les Bénéfices commerciaux, les Bénéfices agricoles, les Contributions foncières, etc...

Aussi utile que puisse être une étude de toutes ces situations, elle nous entraînerait à de trop longs développements. Cette brochure ayant été faite pour s'occuper uniquement de l'Impôt sur les Salaires, nous limiterons l'examen de l'impôt général sur le revenu à ses rapports de superposition à l'impôt cédulaire. Examen d'ailleurs indispensable, puisque, sur certains points, le mécanisme d'un impôt dépend du mécanisme de l'autre.

Le revenu global comprend donc l'ensemble des revenus relevant des cédules comprises dans l'impôt cédulaire, dans la limite de l'interprétation légale de la nature des bénéfices, traitements, etc..., imposables.

Contrairement à l'impôt sur les salaires, *qui est individuel*, l'impôt général atteint, en principe, *l'ensemble du revenu familial*. Exception est faite pour certains cas particuliers : par exemple, pour le cas de séparation de biens et de corps de la femme et du mari.

CHAMP D'APPLICATION DE L'IMPOT

Le revenu familial est imposé dans sa partie supérieure à **6.000 fr.** Au-dessous de ce taux, il n'est pas imposable.

Des déductions sont accordées pour charges de famille (voir première partie, chapitre Réductions pour charges de famille, ce qu'on entend par personnes à charge).

Ces déductions sont fixées à :

3.000 fr. pour l'homme marié ou veuf avec un ou plusieurs enfants à charge;

2.000 fr. pour chaque enfant mineur;

1.500 fr. pour les autres personnes à charge.

Lorsque le nombre des personnes à charge, enfants ou autres, est supérieur à *cinq*, la déduction est de 2.000 francs pour chacune.

PREMIER EXEMPLE :

Un contribuable est marié, sans enfant. Son revenu n'est imposable qu'au-dessus de 9.000 francs. (Base : 6.000. Déduction : 3.000).

DEUXIÈME EXEMPLE :

Un contribuable est marié et a deux enfants mineurs. Son revenu n'est imposable qu'au-dessus de 13.000 francs. (Base : 6.000. Déductions : Marié : 3.000; par enfant : 2.000, soit 4.000).

TROISIÈME EXEMPLE :

Un contribuable est veuf, a deux enfants mineurs et sa mère à sa charge *exclusive*. Son revenu n'est imposable qu'au-dessus de 14.500 francs. (Base : 6.000. Déductions : Veuf avec enfants : 3.000; deux enfants : 4.000; ascendant : 1.500).

Rappelons que ce sont ces déductions qui servent à déterminer les droits des contribuables aux réductions pour charges de famille prévues dans les impôts cédulaires. (Voir plus haut, chapitre : Réductions pour charges de famille).

MONTANT ET CALCUL DE L'IMPOT

Nous avons vu que le revenu n'est assujetti à l'impôt général que pour sa partie supérieure à 6.000 fr.

Entre 6.000 et 20.000 fr., il est imposé sur $1/25^e$ de son montant.

Entre 20.000 et 30.000 fr., il est imposé sur $2/25^e$ de son montant.

Entre 30.000 et 40.000 fr., il est imposé sur $3/25^e$ de son montant.

L'augmentation continue à raison de 1/25ᵉ par tranche de 10.000 fr., jusqu'à la somme de 100.000 fr., etc...

Ce qui revient à dire que l'impôt atteint les 4/100ᵉ du revenu pour la partie de 6.000 à 20.000 fr., les 8/100ᵉ pour la partie de 20.000 à 30.000 fr., etc....

Le revenu imposable est déterminé défalcation faite des réductions pour charges de famille prévues au chapitre précédent.

Le taux de l'impôt est fixé à 50 % du revenu imposable.

Le calcul de l'impôt est facile. Pour plus de clarté, nous reprendrons les exemples qui ont servi, au chapitre précédent, pour les déductions.

PREMIER EXEMPLE :

Un contribuable est marié, sans enfants. Son revenu total s'élève à 10.000 francs.

Revenu total	10.000 fr.
Déductions (marié)	3.000 »
Reste	7.000 fr.

Exonération : 6.000 fr.

Revenu imposable : 7.000 — 6.000 = 1.000 fr.

L'impôt n'atteint que le 1/25ᵉ ou les 4/100ᵉ de ce revenu, soit 40 fr., dont les 50 % s'élèvent à 20 fr.

Le contribuable a donc 20 francs à payer.

DEUXIÈME EXEMPLE :

Un contribuable est marié et à deux enfants mineurs. Son revenu total s'élève à 15.000 francs.

Revenu total		15.000 fr.
Déduction { Marié .... 3.000 fr.		
Deux enfants .... 4.000 » }		7.000 »
Reste		8.000 fr.
Revenu imposable { Jusqu'à 6.000 francs		» » fr.
1/25 de 6.000 à 8.000 ou 4/100 de 2.000 fr.		80 »
80 francs à 50 %................................		40 »
A déduire 15 % pour 2 personnes à charge..............		6 »
Reste à payer		34 fr.

TROISIÈME EXEMPLE :

Un contribuable est veuf, à deux enfants mineurs et sa mère à sa charge *exclusive*. Son revenu s'élève à 18.000 francs.

Revenu total		18 000 fr.
Déductions { Veuf avec enfants.......... 3.000 fr. Deux enfants .... 4.000 » Ascendant .... 1.500 » }		8.500 »
Reste		9.500 fr.
Revenu imposable { Jusqu'à 6.000 fr....... » fr. 1/25ᵉ de 6.000 à 9.500 ou 4/100 de 3.500 fr..... 130 » }		130 fr.
130 à 50 %		65 fr.
A déduire 30 % pour 3 personnes à charge		19 50
Reste à payer...........................		45 50

QUATRIÈME EXEMPLE :

Un contribuable est marié, a un enfant et son père à sa charge *exclusive*. Son revenu s'élève à 27.500 fr.

Revenu total		27.500 fr.
Déductions { Marié .... 3.000 fr. Un enfant .... 2.000 » Ascendant .... 1.500 » }		6.500 fr.
Reste		21.000 fr.
Revenu imposable { Jusqu'à 6.000 fr........ » fr. De 6.000 à 20.000, soit 14.000 × 4/100ᵉ .... 560 » De 20.000 à 21.000, soit 1.000 × 8/100ᵉ .... 80 » }		640 fr.
640 à 50 %...		320 »
A déduire 10 % pour deux personnes à charge (Revenu supérieur à 10.000 francs, défalcation faite des déductions (1)		32 »
Reste à payer		288 fr.

---

(1) Voir première partie : Réductions pour charges de famille.

DISPOSITIONS SPECIALES

Une augmentation de 25 % du montant de l'impôt général sur le revenu atteint le contribuable âgé de plus de 30 ans, célibataire ou divorcé et n'ayant aucune personne à sa charge.

Une augmentation de 10 % du même impôt atteint le contribuable âgé de plus de 30 ans, marié depuis plus de deux ans et n'ayant ni enfant ni personne à sa charge.

PREMIER EXEMPLE :

Un célibataire âgé de plus de 30 ans, n'ayant personne à sa charge, possède un revenu de 10.000 francs.

Revenu total		10.000 fr.
	Jusqu'à 6.000 fr...................	0 fr.
Revenu imposable	De 6.000 à 10.000 fr.............	160 »
	(soit 4.000 × 4/100ᵉ.)	
160 à 50 %		80 »
Majoration de 25 %..............................		20 »
	Reste	100 fr.

DEUXIÈME EXEMPLE :

Un contribuable âgé de plus de 30 ans, marié depuis plus de deux ans, n'ayant ni enfant ni personne à sa charge, possède un revenu total de 12.000 francs.

Revenu total		12.000 fr.
Déduction (marié)		3.000 fr.
	Reste	9.000 fr.
	Jusqu'à 6.000 fr...................	0 fr.
Revenu imposable	De 6.000 à 9.000	120 fr.
	soit 3.000 × 4/100⁰	
120 à 50 %		60 fr.
Majoration de 10 %		6 »
	Total à payer	66 fr.

Montant de l'Impôt dû par un contribuable.

CHIFFRE du REVENU TOTAL	CÉLIBATAIRE ou DIVORCÉ âgé de plus de 30 ans sans charge de famille	MARIÉ depuis 2 ans et âgé de plus de 30 ans sans charge de famille	MARIÉ avec UN ENFANT MINEUR	MARIÉ avec DEUX ENFANTS MINEURS
7.000	25	—	—	—
8.000	50	—	—	—
9.000	75	—	—	—
10.000	100	22	—	—
11.000	125	44	—	—
12.000	150	66	18.50	—
13.000	175	88	37	—
14.000	200	110	55.50	17
15.000	225	132	74	34
16.000	250	154	95	51
17.000	275	176	114	68
18.000	300	198	133	90
19.000	325	220	152	108
20.000	350	242	171	126
25.000	600	396	266	216
30.000	850	616	456	360
40.000	1.600	1.210	931	774
50.000	2.600	2.024	1.596	1.368
100.000	11.350	9.394	7.771	7.038

POUR FINIR

Ces explications fournies, le lecteur comprendra facilement, croyons-nous, le mécanisme de la loi ; et il lui sera aisé de faire tous calculs au moins pour ce qui concerne l'impôt sur les salaires.

Il nous aurait été difficile d'expliquer de la même façon, dans le cadre restreint d'un brochure, le mécanisme de la loi pour toutes les catégories d'impôts ou cédules. Ce n'était d'ailleurs pas notre but puisqu'il ne s'agissait, pour nous, que de l'impôt sur les salaires.

On peut maintenant, sans grande difficulté, faire chevaucher, pour la partie salaires, les deux impôts (cédulaire et général).

Nous terminerons cette étude par un exemple, auquel peuvent se reporter, à quelques chiffres près, bien des situations.

EXEMPLE :

Un ménage habite Paris. L'homme et la femme travaillent ; le premier gagne 10.000 francs par an, la femme 5.000. Leurs salaires forment la totalité de leurs ressources et revenus. Ils ont deux enfants à leur charge.

IMPOT SUR LES SALAIRES

I. — Le salaire de la femme, inférieur à 6.000 francs, n'est pas atteint par l'impôt cédulaire.

II. — Le salaire de l'homme, supérieur à 6.000 francs est atteint dans les proportions suivantes :

Jusqu'à 6.000 francs	0
Moitié de la somme comprise entre 6.000 et 8.000, soit 1.000 à 6 %	60 fr.
Totalité entre 8.000 et 10.000, soit 2.000 à 6 %	120 »
Total	180 fr.

III. — Réductions pour charges de famille. Les déductions pour deux enfants et la femme s'élevant à 7.000, il reste un revenu global de 8.000 francs. Par conséquent, la réduction s'élève à 15 % de l'impôt soit :

180 à 15 % .... 27 fr.

180 — 27 .... *153* »

IMPOT GENERAL

A cette somme s'ajoute l'impôt général calculé comme suit :

Revenu total .... 15.000 fr.

Déductions { Marié .... 3.000 }
{ Deux enfants................ 4.000 } 7.000 »

Reste............. 8.000 fr.

Revenu imposable { Jusqu'à 6.000 fr. .... 0 fr.
{ De 6.000 à 8.000 fr........... }
{ soit 2.000×4/100=80 .... } 80 fr.

80 à 50 % .... 40 fr.

A déduire 15 % pour deux personnes à charge .... 6 »

34 fr.

Le total de l'impôt (cédulaire et général) s'élèvera donc à :

153 + 34 = 187 francs.

VERSAILLES. — IMP. COOPÉRATIVE LA GUTENBERG, 18, AVENUE DE PARIS.